AF221972

Impressum
Verlag: BABADADA GmbH, Nedderfeld 112 , 22529 Hamburg
Geschäftsführer / Verlagsleitung: Harald Hof
Druck: Books on Demand GmbH, In de Tarpen 42, 22848 Norderstedt

Imprint
Publisher: BABADADA GmbH, Nedderfeld 112 , 22529 Hamburg, Germany
Managing Director / Publishing direction: Harald Hof
Print: Books on Demand GmbH, In de Tarpen 42, 22848 Norderstedt

école

училище

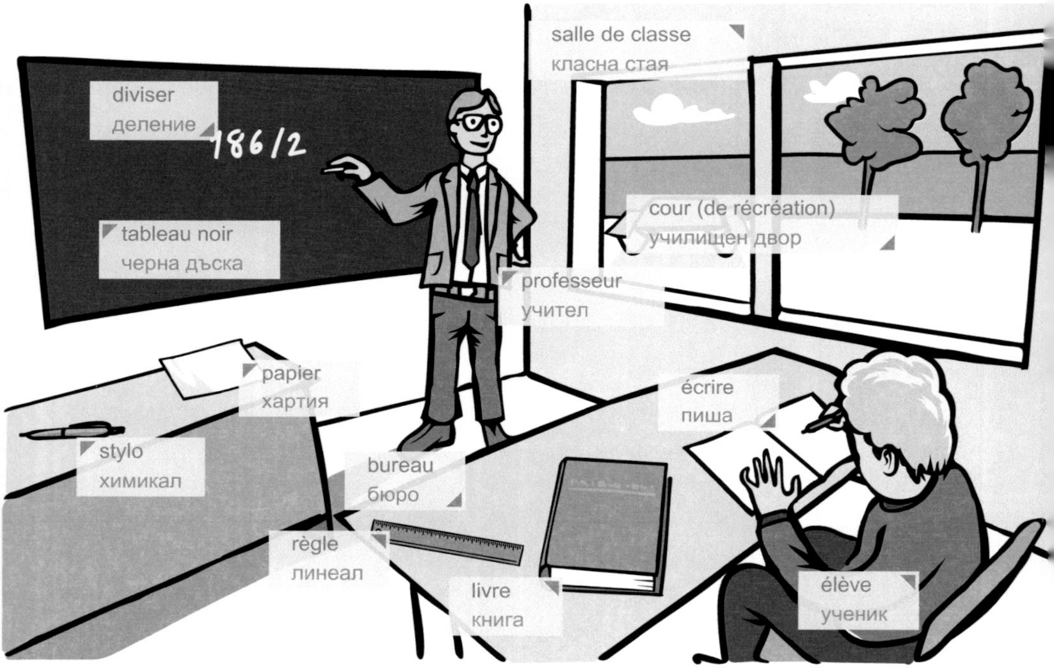

salle de classe
класна стая
diviser
деление
186/2
tableau noir
черна дъска
cour (de récréation)
училищен двор
professeur
учител
papier
хартия
écrire
пиша
stylo
химикал
bureau
бюро
règle
линеал
livre
книга
élève
ученик

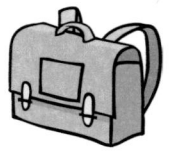

cartable

ученическа раница

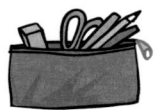

trousse

ученически несесер

crayon

молив

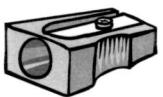

taille-crayon

острилка за моливи

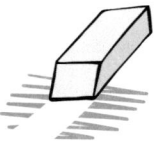

gomme

гума

carnet à dessin

блок за рисуване

dessin

рисунка

pinceau

четка

boîte de peinture

акварелни бои

ciseaux

ножица

colle

лепило

cahier d'exercices

тетрадка за упражнения

devoirs

домашна работа

chiffre

число

additionner

събиране

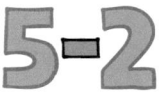

soustraire

изваждане

multiplier

умножение

calculer

смятане

lettre

буква

alphabet

азбука

mot

дума

texte

текст

lire

чета

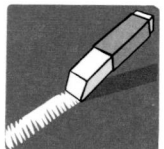

craie

тебешир

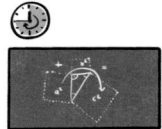

leçon

час

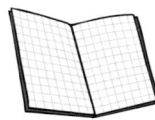

livre de classe

дневник на класа

examen

изпит

certificat

свидетелство

uniforme scolaire

ученическа униформа

formation

образование

lexique

справочник

université

университет

microscope

микроскоп

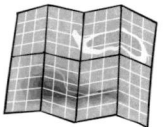

carte

карта

corbeille à papier

кошче за хартиени
отпадъци

école - училище

voyage
пътуване

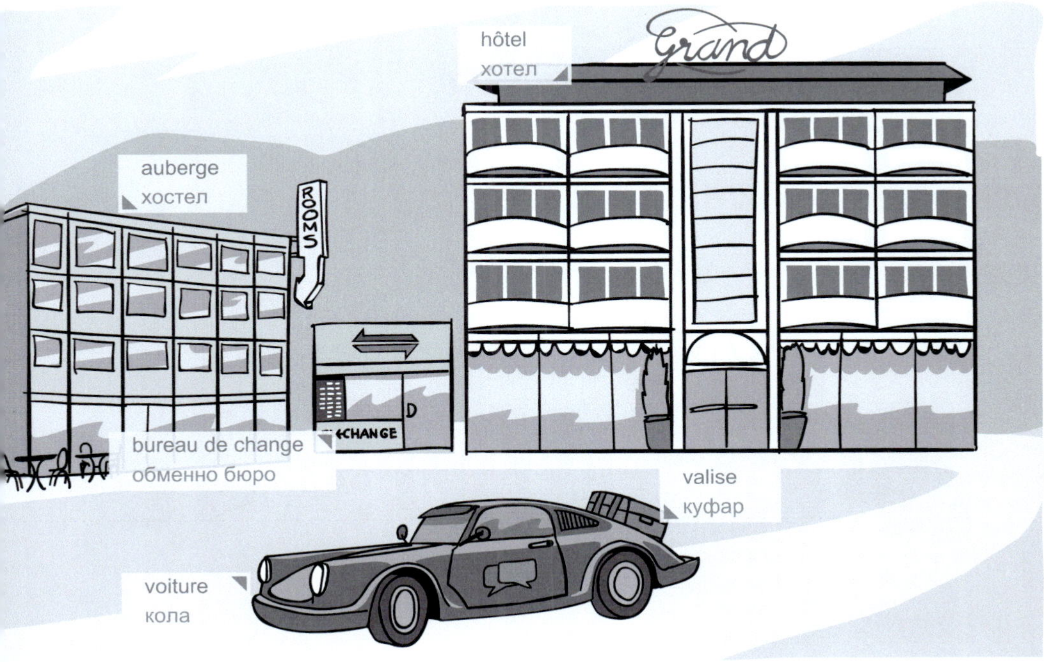
hôtel
хотел
Grand
auberge
хостел
ROOMS
bureau de change
обменно бюро
EXCHANGE
valise
куфар
voiture
кола

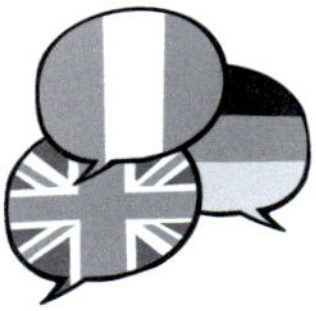

langue
език

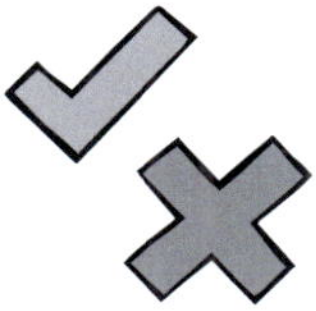

oui / non
да / не

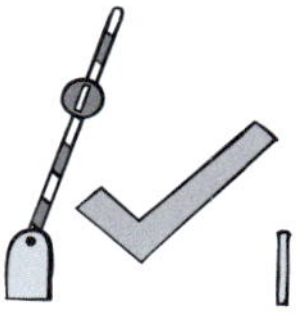

d'accord
Окей

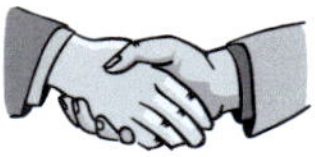

Salut
здравей

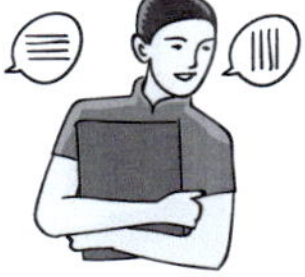

interprète
преводач

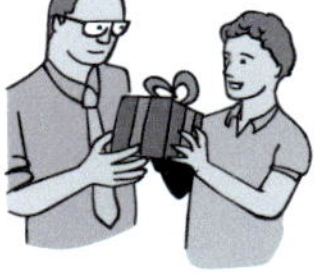

merci
Благодаря

Combien coûte...?

Колко струва...?

Je ne comprends pas

Не разбирам

problème

проблем

Bonsoir !

Добър вечер!

Bonjour !

Добро утро!

Bonne nuit !

Лека нощ!

Au revoir

довиждане

direction

посока

bagages

багаж

sac

пътна чанта

sac-à-dos

раница

hôte

посетител

pièce

стая

sac de couchage

спален чувал

tente

палатка

office de tourisme

туристическа информация

plage

плаж

carte de crédit

кредитна карта

petit-déjeuner

закуска

déjeuner

обед

dîner

вечеря

billet

билет

ascenseur

асансьор

timbre

пощенска марка

frontière

граница

douane

митница

ambassade

посолство

visa

виза

passeport

паспорт

transport

транспорт

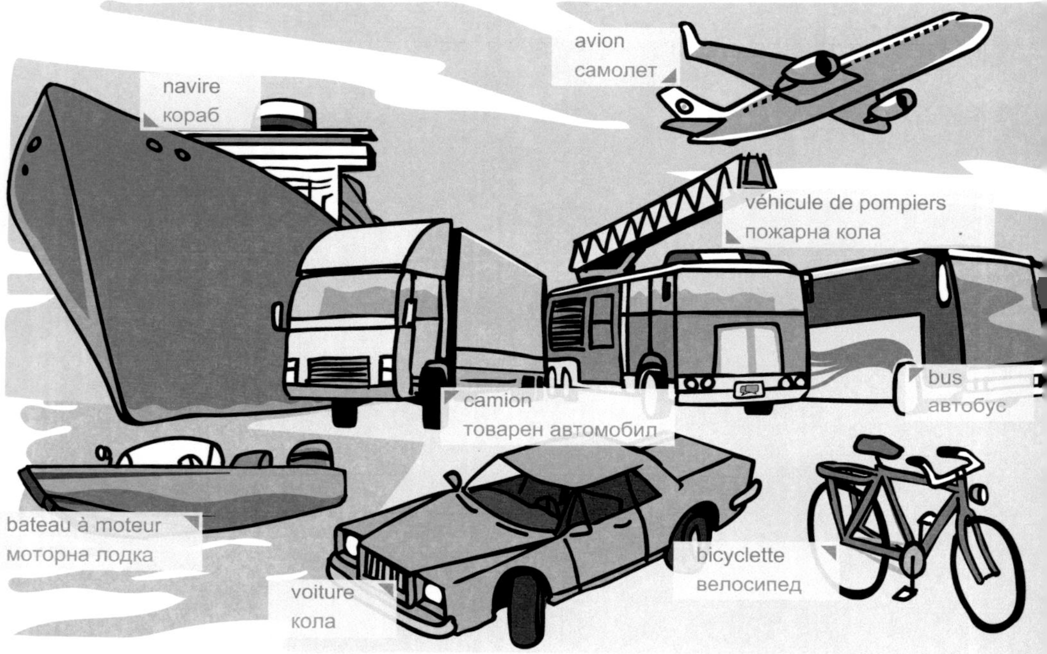

avion
самолет
navire
кораб
véhicule de pompiers
пожарна кола
bus
автобус
camion
товарен автомобил
bateau à moteur
моторна лодка
bicyclette
велосипед
voiture
кола

ferry

фериботобус

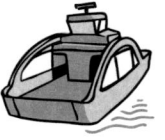

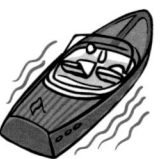

barque

лодка

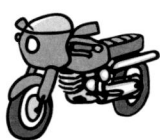

moto

мотоциклет

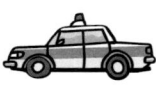

voiture de police

полицейска кола

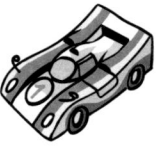

voiture de course

състезателна кола

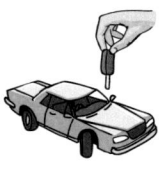

voiture de location

кола под наем

auto-partage

каршеринг

voiture de remorquage

автомобил от "Пътна помощ"

benne à ordures

сметовоз

moteur

двигател

essence

бензин

station d'essence

бензиностанция

panneau indicateur

пътен знак

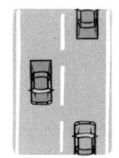

trafic

улично движение

embouteillage

задръстване

parking

паркинг

gare

гара

rails

релси

train

влак

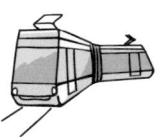

tramway

трамвай

wagon

вагон

hélicoptère

хеликоптер

aéroport

аерогара

tour

кула

passager

пасажер

conteneur

контейнер

carton

кашон

chariot

ръчна количка

corbeille

кошница

décoller / atterrir

излитам / приземявам се

ville

град

village

село

centre-ville

градски център

maison

къща

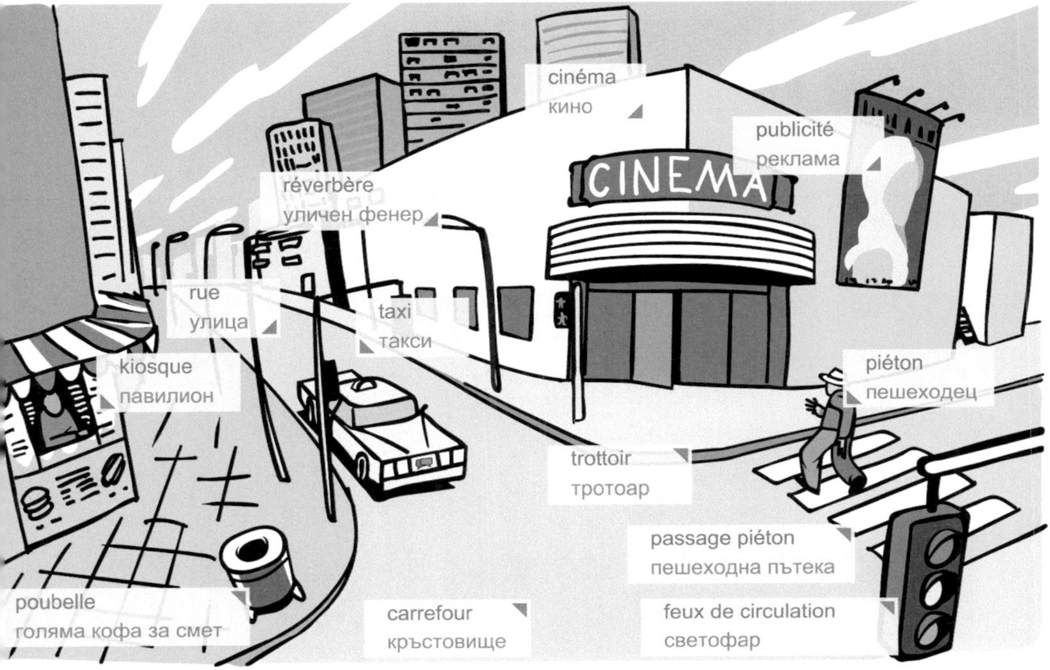

cinéma
кино

publicité
реклама

réverbère
уличен фенер

CINEMA

rue
улица

taxi
такси

piéton
пешеходец

kiosque
павилион

trottoir
тротоар

passage piéton
пешеходна пътека

poubelle
голяма кофа за смет

carrefour
кръстовище

feux de circulation
светофар

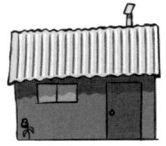

cabane

хижа

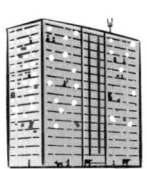

appartement

жилище

gare

гара

mairie

кметство

musée

музей

école

училище

université

университет

banque

банка

hôpital

болница

hôtel

хотел

pharmacie

аптека

bureau

офис

librairie

книжарница

magasin

магазин за цветя

fleuriste

магазин за цветя

supermarché

супермаркет

marché

пазар

grand magasin

универсален магазин

poissonnerie

търговец на риба

centre commercial

търговски център

port

пристанище

parc

парк

banque

пейка

pont

мост

escaliers

стълба

métro

метро

tunnel

тунел

arrêt de bus

автобусна спирка

bar

бар

restaurant

ресторант

boîte à lettres

пощенска кутия

panneau indicateur

улична табелка

parcmètre

часовник за паркинг
престой

zoo

зоологическа градина

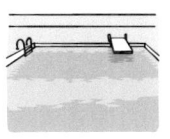

piscine

плувен басейн

mosquée

джамия

ferme

селски двор

pollution

замърсяване на околната среда

cimetière

гробище

église

църква

aire de jeux

детска площадка

temple

храм

paysage
пейзаж

feuille
листо

panneau indicateur
пътепоказател

chemin
път

pré
ливада

pierre
камък

arbre
дърво

randonneur
пътешественик

rivière
река

herbe
трева

fleur
цвете

vallée

долина

montagne

планина

lac

море

forêt

гора

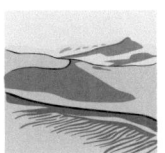

désert

пустиня

volcan

вулкан

château

замък

arc-en-ciel

дъга

champignon

гъба

palmier

палма

moustique

комар

mouche

муха

fourmis

мравка

abeille

пчела

araignée

паяк

paysage - пейзаж

coléoptère

бръмбар

grenouille

жаба

écureuil

катеричка

hérisson

таралеж

lièvre

заек

chouette

кукумявка

oiseau

птица

cygne

лебед

sanglier

диво прасе

cerf

елен

élan

лос

barrage

бент

éolienne

вятърна турбина

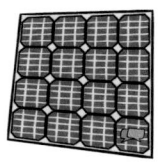

panneau solaire

соларен модул

climat

климат

restaurant
ресторант

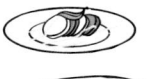

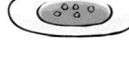

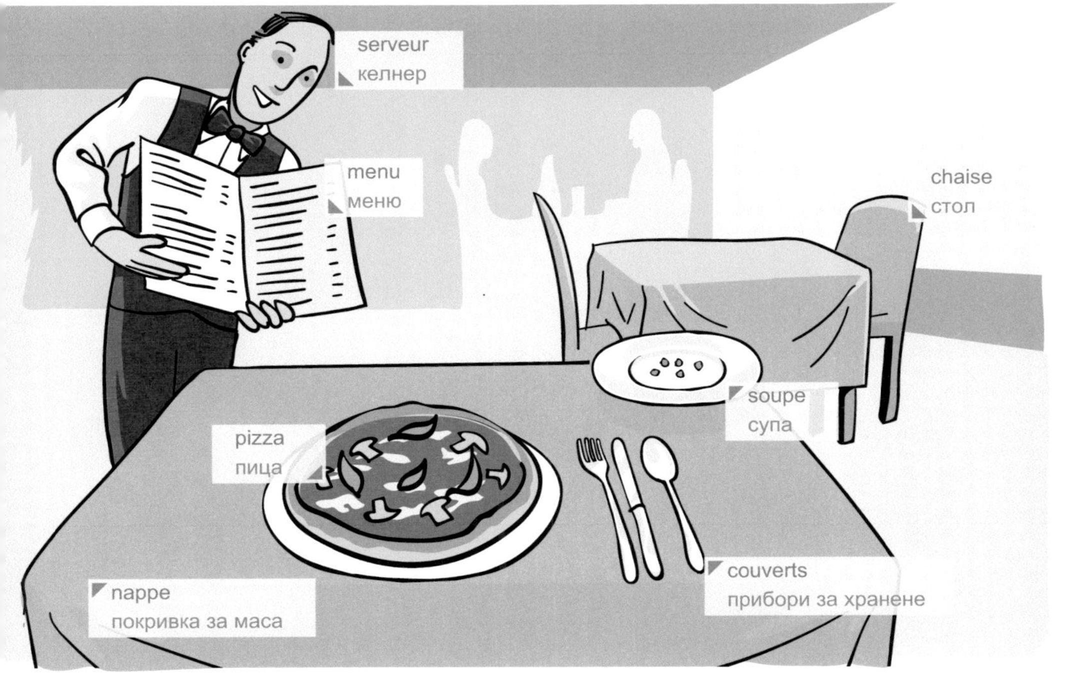
serveur
келнер
menu
меню
chaise
стол
soupe
супа
pizza
пица
couverts
прибори за хранене
nappe
покривка за маса

hors d'œuvre

предястие

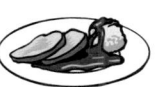

plat principal

основно ястие

dessert

десерт

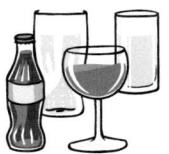

boissons

напитки

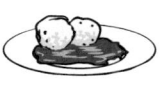

alimentation

ядене

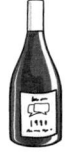

bouteille

бутилка

fast-food

бързо хранене

plats à emporter

улична храна

théière

кана за чай

sucrier

кутия за захар

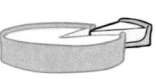

portion

порция

machine à expresso

еспресо машина

chaise haute

висок детски стол

facture

сметка

plateau

табла

couteau

ножица за нокти

fourchette

вилица

cuillère

лъжица

cuillère à thé

чаена лъжичка

serviette

салфетка

verre

стъклена чаша

assiette

чиния

assiette à soupe

чиния за супа

soucoupe

чинийка

sauce

сос

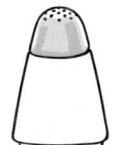

salière

солница

moulin à poivre

мелничка за черен пипер

vinaigre

оцет

huile

олио

épices

подправки

ketchup

кетчуп

moutarde

горчица

mayonnaise

майонеза

supermarché
супермаркет

offre promotionnelle
оферта
FOR
client
клиент
produits laitiers
млечни продукти
fruits
плодове
chariot
количка за покупки

BUTCHERS

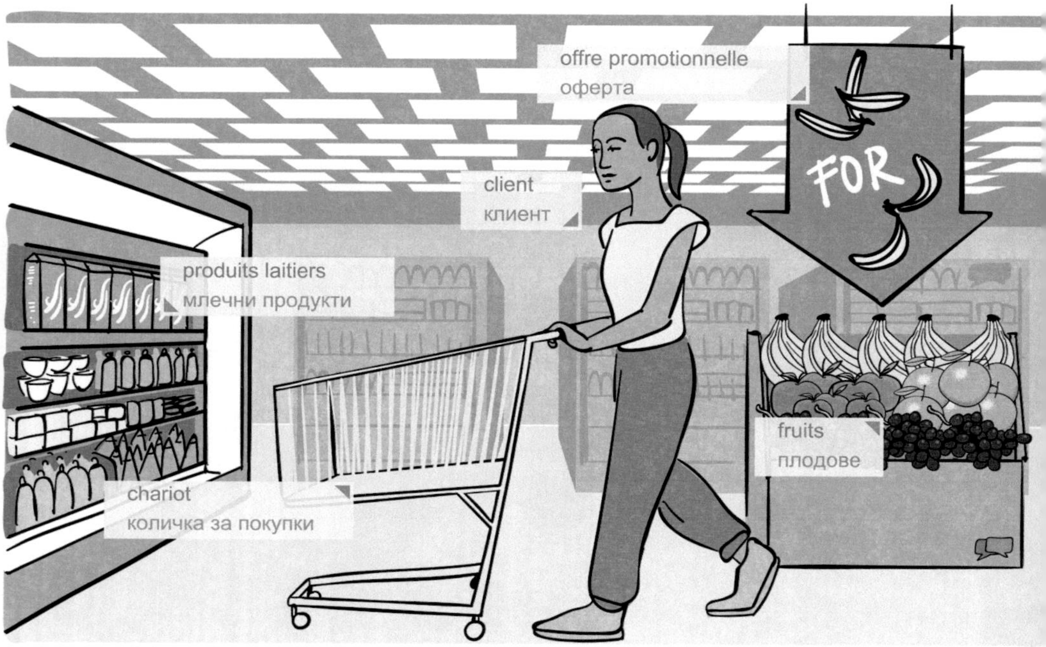

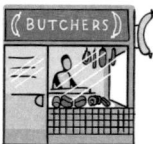

boucherie

кланица

BAKERY

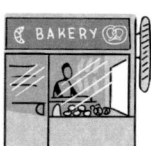

boulangerie

хлебарница

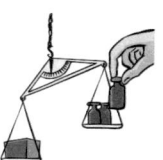

peser

тегля

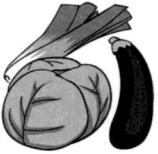

légumes

зеленчуци

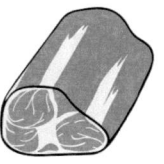

viande

месо

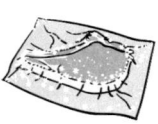

aliments surgelés

дълбоко замразена храна

charcuterie

нарязан колбас или сирене

conserves

консерви

poudre à lessive

перилен препарат

bonbons

лакомства

articles ménagers

домакински изделия

détergents

почистващи препарати

vendeuse

продавачка

caisse

каса

caissier

касиер

liste d'achats

списък на покупките

heures d'ouverture

работно време

portefeuille

портфейл

carte de crédit

кредитна карта

sac

чанта

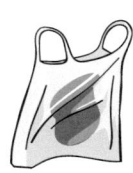

sac en plastique

пластмасова торба

supermarché - супермаркет

eau

вода

jus de fruit

сок

lait

мляко

coca

кола

vin

вино

bière

бира

alcool

алкохол

chocolat chaud

какао

thé

чай

café

кафе машина

expresso

еспресо

cappuccino

капучино

banane

банан

pomme

ябълка

orange

портокал

melon

пъпеш

citron

лимон

carotte

морков

ail

чесън

bambou

бамбук

oignon

лук

champignon

гъба

noisettes

ядки

pâtes

макарони

spaghetti

спагети

riz

ориз

salade

салата

pommes frites

пържени картофи

pommes de terre rôties

печени картофи

pizza

пица

hamburger

хамбургер

sandwich

сандвич

escalope

шницел

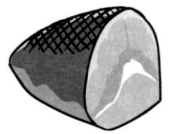

jambon

шунка

salami

траен колбас

saucisse

салам

poulet

пиле

rôti

печено

poisson

риба

flocons d'avoine

овесени ядки

muesli

мюсли

cornflakes

корнфлейкс

farine

брашно

croissant

кроасан

petits-pains

хлебчета

pain

хляб

pain grillé

препечена филийка

biscuits

бисквити

beurre

масло

le fromage blanc

извара

gâteau

сладкиш

œuf

яйце

œuf au plat

яйца на очи

fromage

сирене

glace

сладолед

sucre

захар

miel

мед

confiture

мармалад

crème nougat

нуга крем

curry

къри

ferme
селски двор

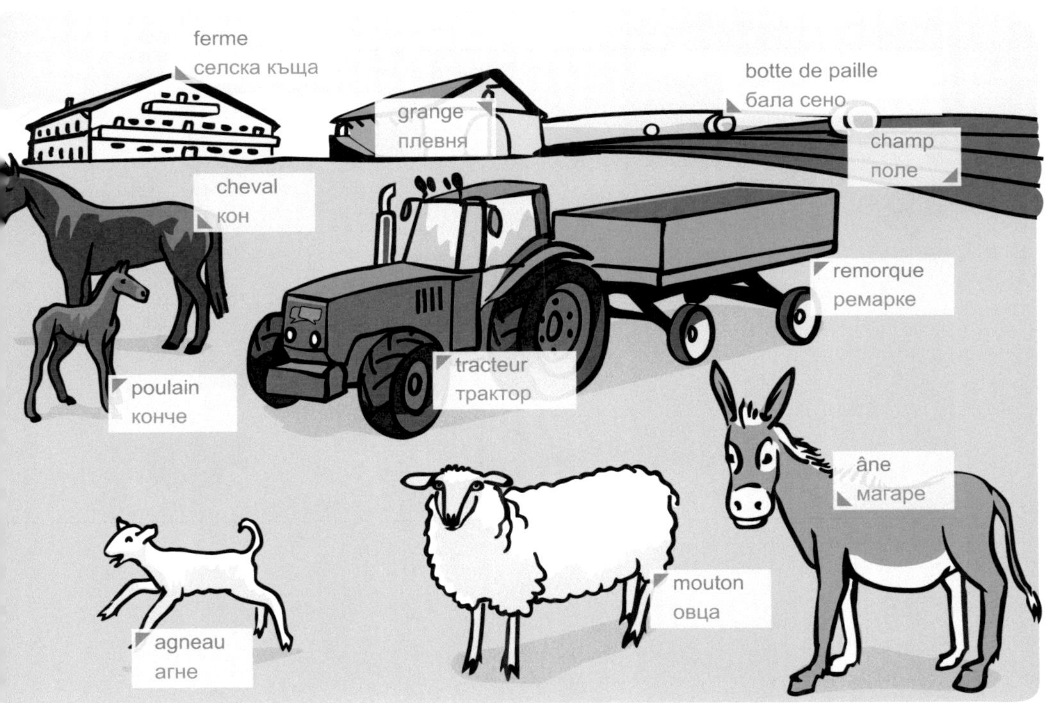
ferme
селска къща
grange
плевня
botte de paille
бала сено
champ
поле
cheval
кон
remorque
ремарке
tracteur
трактор
poulain
конче
âne
магаре
mouton
овца
agneau
агне

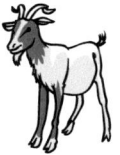

chèvre

коза

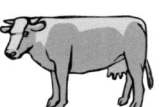

vache

крава

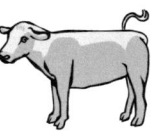

veau

теле

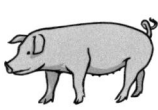

porc

свиня

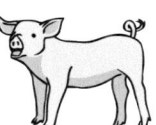

porcelet

прасенце

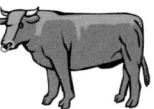

taureau

бик

oie

гъска

canard

патица

poussin

пиленце

poule

кокошка

coq

петел

rat

плъх

chat

котка

souris

мишка

bœuf

вол

chien

куче

chenil

кучешка колиба

tuyau de jardin

градински маркуч

arrosoir

лейка

faucheuse

коса

charrue

плуг

faucille

сърп

pioche

мотика

fourche

вила за тор

hache

брадва

brouette

ръчна количка

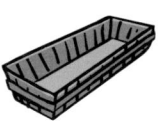

cuve

корито

pot à lait

съд за мляко

sac

чувал

clôture

ограда

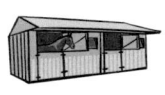

étable

обор

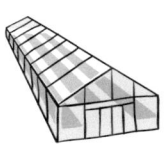

serre

парник

sol

земя

semences

сеитба

engrais

тор

moissonneuse-batteuse

комбайн

récolter

жъна

récolte

реколта

igname

ямс

blé

жито

soja

соя

pomme de terre

картоф

maïs

царевица

colza

рапица

arbre fruitier

овощно дърво

manioc

маниока

céréales

зърнени храни

maison

къща

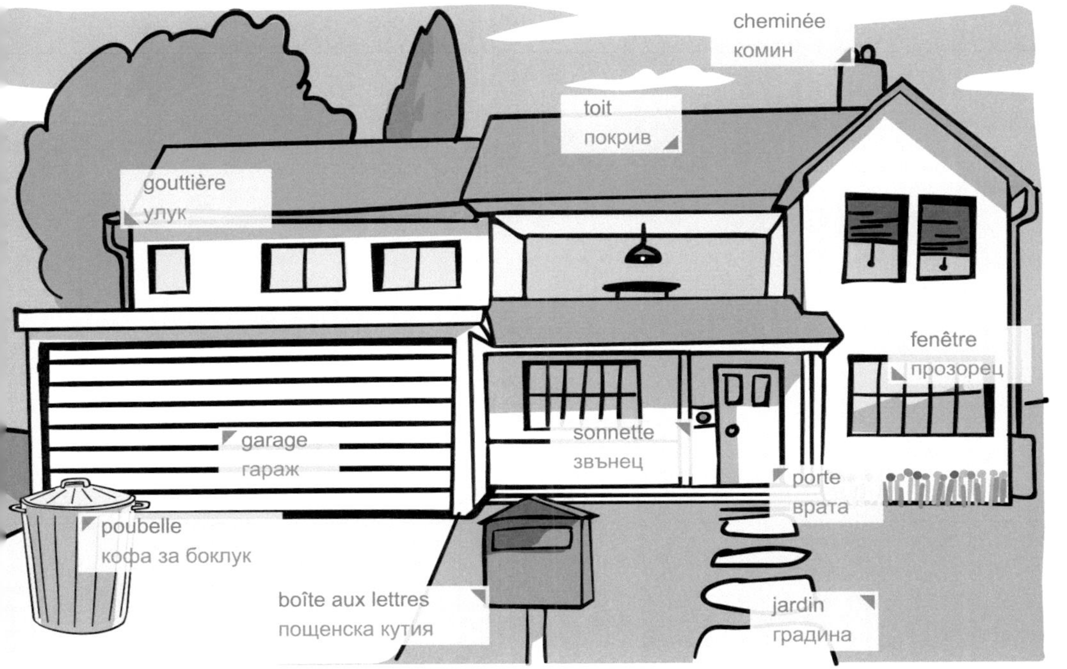

cheminée
комин
toit
покрив
gouttière
улук
fenêtre
прозорец
garage
гараж
sonnette
звънец
porte
врата
poubelle
кофа за боклук
boîte aux lettres
пощенска кутия
jardin
градина

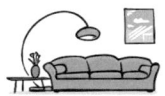

salon

всекидневна

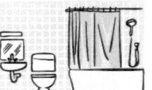

salle de bain

баня

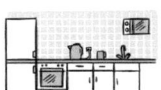

cuisine

кухня

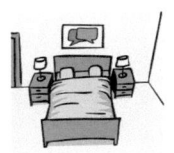

chambre à coucher

спалня

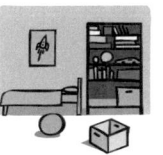

chambre d'enfant

детска стая

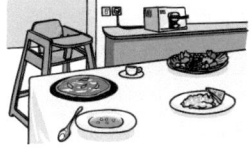

salle à manger

трапезария

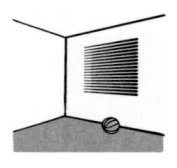

sol

под

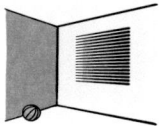

mur

стена

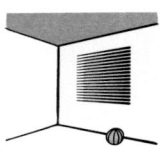

plafond

таван

cave

изба

sauna

сауна

balcon

балкон

terrasse

тераса

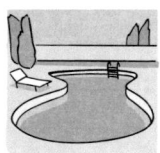

piscine

плувен басейн

tondeuse à gazon

косачка

housse

спално бельо

couette

покривка за легло

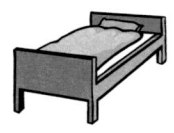

lit

легло

balai

метла

sceau

кофа

interrupteur

електрически ключ

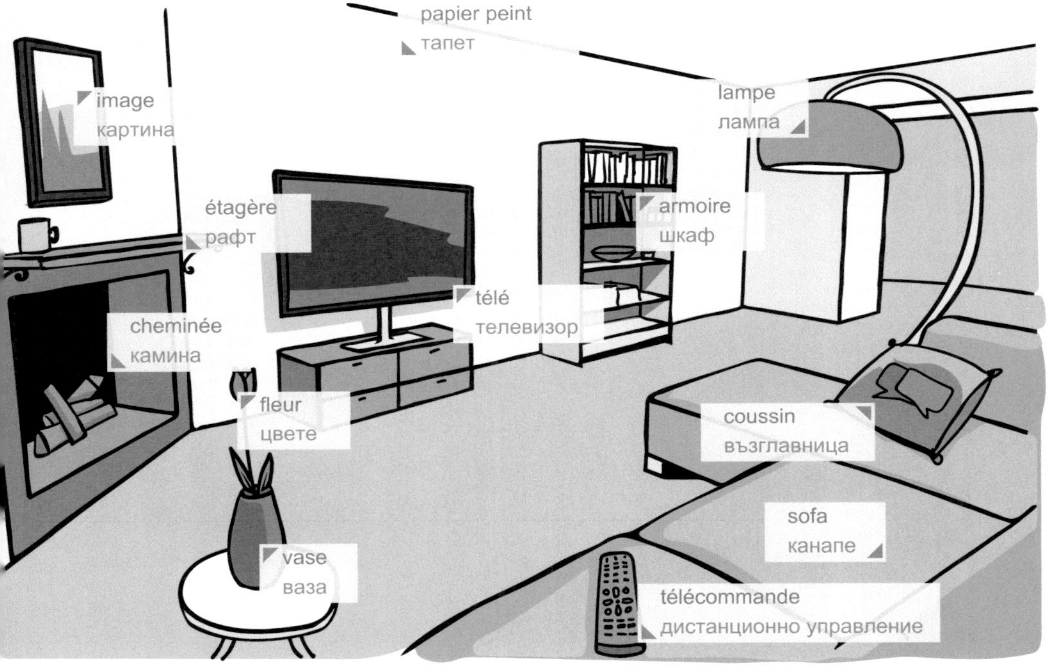

papier peint
тапет

image
картина

lampe
лампа

étagère
рафт

armoire
шкаф

cheminée
камина

télé
телевизор

fleur
цвете

coussin
възглавница

sofa
канапе

vase
ваза

télécommande
дистанционно управление

tapis

килим

rideau

завеса

table

маса

chaise

стол

chaise à bascule

люлеещ се стол

fauteuil

кресло

livre

книга

couverture

одеяло

décoration

декорация

bois de chauffage

дърва за отопление

film

филм

chaîne hi-fi

стерео уредба

clé

ключ

journal

вестник

peinture

живопис

poster

постер

radio

радио

bloc-notes

бележник

aspirateur

прахосмукачка

cactus

кактус

bougie

свещ

cuisine

кухня

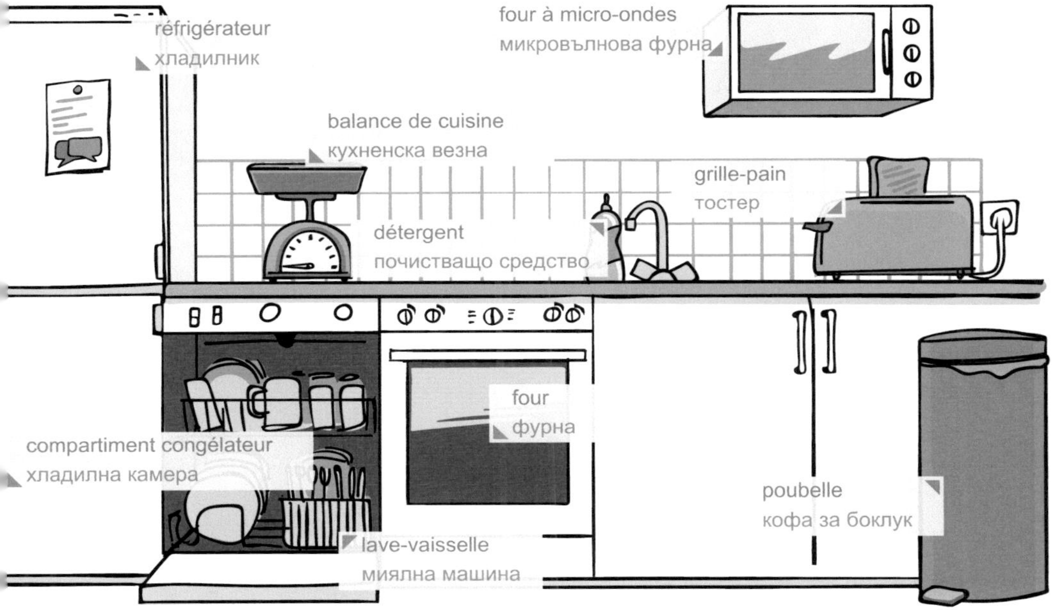

réfrigérateur
хладилник
four à micro-ondes
микровълнова фурна
balance de cuisine
кухненска везна
grille-pain
тостер
détergent
почистващо средство
four
фурна
compartiment congélateur
хладилна камера
poubelle
кофа за боклук
lave-vaisselle
миялна машина

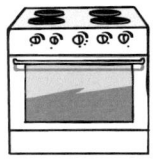

four

готварска печка

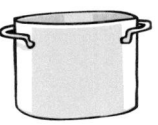

casserole

тенджера

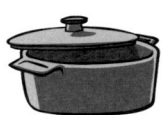

marmite

желязна тенджера

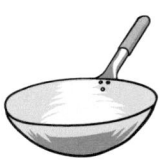

wok / kadai

уок / кадаи

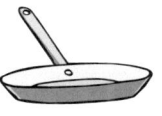

poêle

тиган

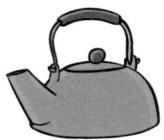

bouilloire electrique

кана за затопляне на вода

cuiseur vapeur

уред за готвене на пара

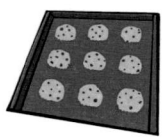

plaque de cuisson

тава за печене

vaisselle

съдове

gobelet

чаша

coupe

купа

baguettes

клечки за хранене

louche

черпак

spatule

лопатка за тиган

fouet

тел за разбиване (на яйца,
белтъци)

passoire

кошница за варене

tamis

гевгир

râpe

ренде

mortier

хаван

barbecue

барбекю

cheminée

огнище

planche à découper

дъска

rouleau à pâtisserie

точилка

tire-bouchon

тирбушон

boîte

кутия

ouvre-boîte

отварачка за консерви

maniques

кухненска ръкохватка

lavabo

мивка

brosse

четка

éponge

гъба

mixeur

миксер

congélateur

фризер

biberon

бебешко шише

robinet

воден кран

salle de bain
баня

chauffage
отопление
serviette
хавлиена кърпа
douche
душ
rideau de douche
завеса за баня
bain moussant
шампоан за вана
baignoire
вана
verre
стъклена чаша
machine à laver
перална машина
robinet
воден кран
carrelage
плочки
pot
гърне
lavabo
мивка

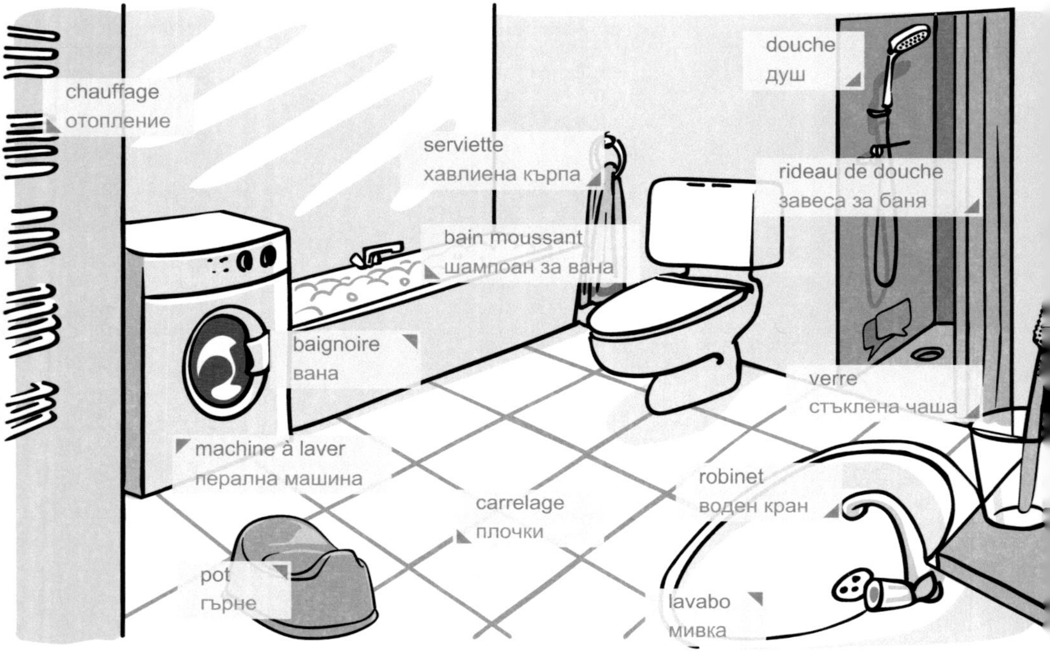

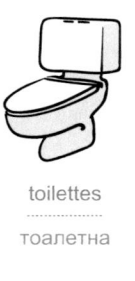

toilettes

тоалетна

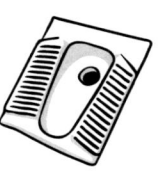

toilette à la turque

клекало

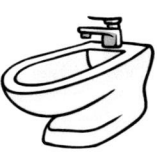

bidet

биде

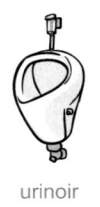

urinoir

писоар

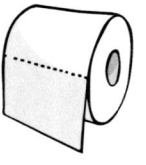

papier toilette

тоалетна хартия

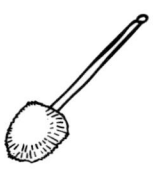

brosse à toilette

четка за тоалетна

brosse à dents

четка за зъби

dentifrice

паста за зъби

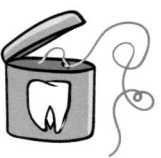

fil dentaire

конец за зъби

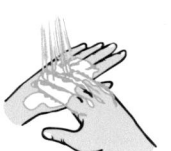

laver

мия

douche manuelle

ръчен душ

douche intime

интимен душ

vasque

леген

brosse dorsale

четка за гръб

savon

сапун

gel douche

душ гел

shampooing

шампоан за вана

gant de toilette

гъба за баня

écoulement

сифон

crème

крем

déodorant

дезодорант

miroir

огледало

miroir cosmétique

козметично огледало

rasoir

ръчна самобръсначка

mousse à raser

пяна за бръснене

après-rasage

одеколон за след
бръснене

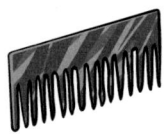

peigne

гребен

brosse

четка

sèche-cheveux

сешоар

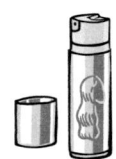

laque pour cheveux

спрей за коса

fond de teint

грим

rouge à lèvres

червило

vernis à ongles

лак за нокти

ouate

памук

coupe-ongles

ножица за нокти

parfum

парфюм

trousse de toilette
тоалетна чантичка

tabouret
табуретка

pèse-personne
везна

peignoir
хавлия

gants de nettoyage
домакински ръкавици

tampon
тампон

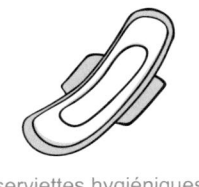

serviettes hygiéniques
дамски превръзки

toilette chimique
химическа тоалетна

chambre d'enfant

детска стая

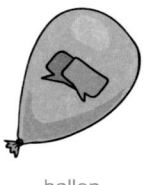

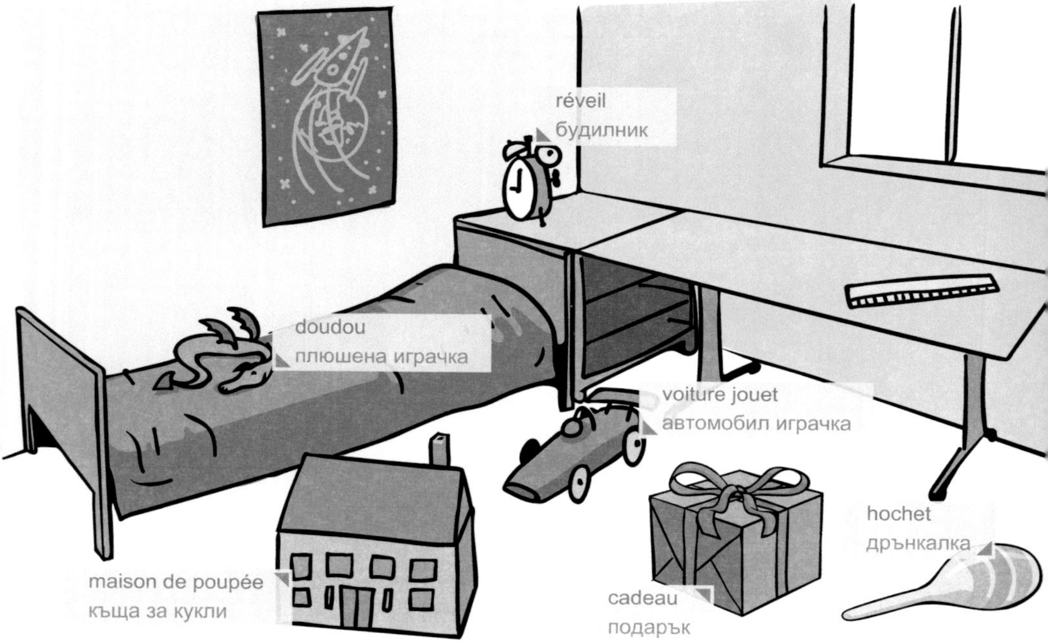

réveil
будилник
doudou
плюшена играчка
voiture jouet
автомобил играчка
hochet
дрънкалка
maison de poupée
къща за кукли
cadeau
подарък

ballon

балон

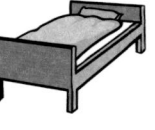

lit

легло

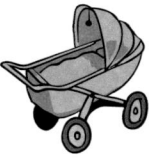

poussette

детска количка

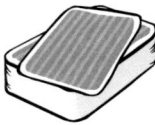

jeu de cartes

игра на карти

puzzle

пъзел

SUPER
MEGA

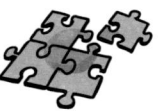

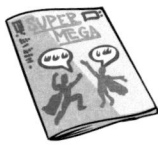

bande dessinée

комикс

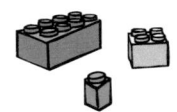

pièces lego

лего елементи

blocs de construction

строителни елементи

figurine

екшън фигурка

grenouillère

бебешки гащеризон

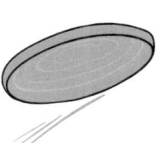

frisbee

фрисби

mobile

бебешки играчки за легло

jeu de société

настолна игра

dé

зарче

train miniature

миниатюрно влакче

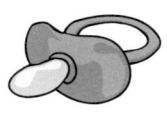

sucette

биберон

fête

парти

livre d'images

детска книга с илюстрации

balle

топка

poupée

кукла

jouer

играя

bac à sable

пясъчник

balançoire

люлка

jouets

играчка

console de jeu

игрова конзола

tricycle

велосипед с три колелета

ours en peluche

плюшено мече

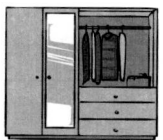

armoire

гардероб

vêtements

облекло

chaussettes

къси чорапи

bas

дълги чорапи

collant

чорапогащник

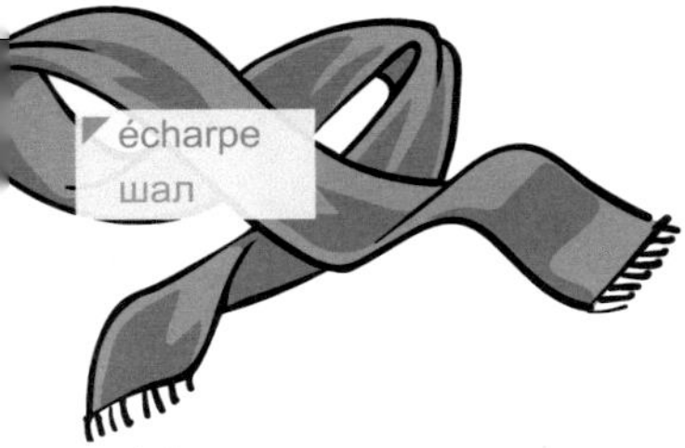

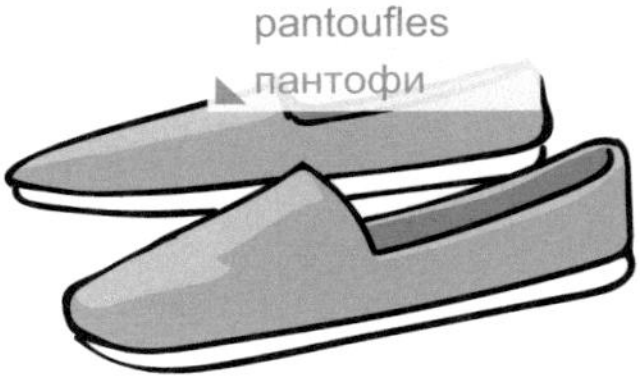

écharpe
шал

ceinture
колан

parapluie
чадър

t-shirt
Т-шърт

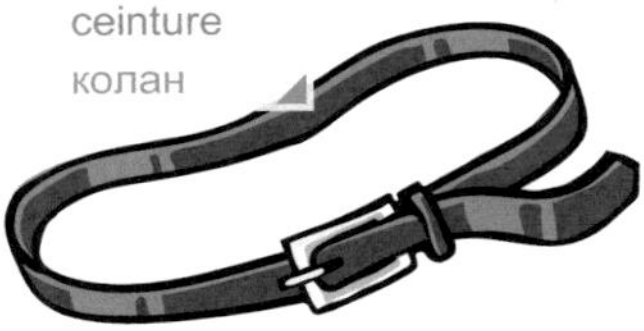

baskets
гуменки

bottes
ботуши

pantoufles
пантофи

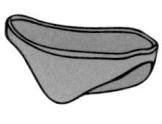
sandales
....
сандали

chaussures
....
обувки

bottes de caoutchouc
....
гумени ботуши

sous-vêtements
....
слип

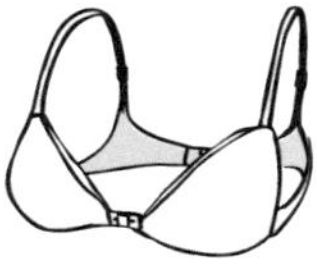

soutien-gorge
....
сутиен

maillot de corps
....
долна блуза

body

боди

pantalon

панталон

jean

дънки

jupe

пола

chemisier

блуза

chemise

риза

pull

пуловер

sweat à capuche

суичър

veste

блейзър

veste

яке

manteau

палто

imperméable

дъждобран

costume

костюм

robe

рокля

robe de mariée

булчинска рокля

costume

костюм

chemise de nuit

нощница

pyjama

пижама

sari

сари

foulard

кърпа за глава

turban

тюрбан

burqa

бурка

caftan

кафтан

abaya

абая

maillot de bain

бански костюм

maillot de bain

плувни шорти

short

къс панталон

tenue d'entraînement

анцуг

tablier

престилка

gants

ръкавици

bouton

копче

lunettes

очила

bracelet

гривна

collier

верижка

bague

пръстен

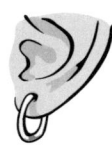

boucle d'oreille

обеца

bonnet

каскет

cintre

закачалка

chapeau

шапка

cravate

вратовръзка

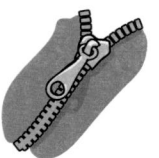

fermeture éclair

цип

casque

каска

bretelles

тиранти

uniforme scolaire

ученическа униформа

uniforme

униформа

bavoir

лигавник

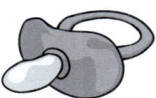

sucette

биберон

lange

пелена

bureau
офис

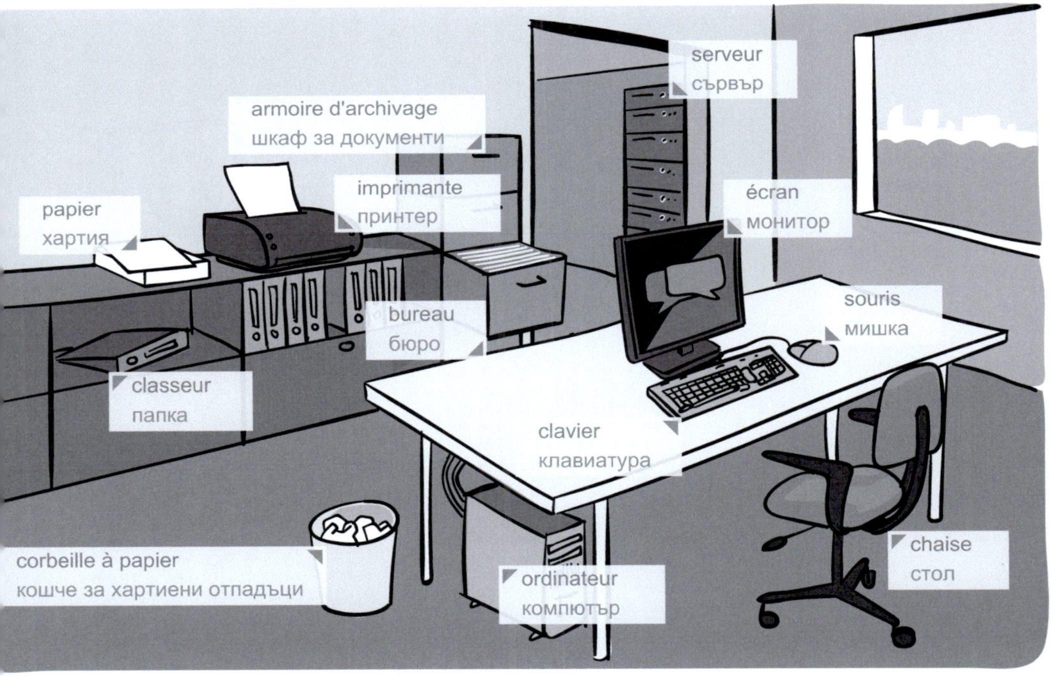

serveur
сървър

armoire d'archivage
шкаф за документи

imprimante
принтер

écran
монитор

papier
хартия

souris
мишка

bureau
бюро

classeur
папка

clavier
клавиатура

corbeille à papier
кошче за хартиени отпадъци

chaise
стол

ordinateur
компютър

tasse de café

чаша за кафе

calculatrice

джобен калкулатор

internet

интернет

ordinateur portable

лаптоп

lettre

писмо

message

съобщение

portable

мобилен телефон

réseau

мрежа

photocopieuse

ксерокс

logiciel

софтуер

téléphone

телефон

prise

контакт

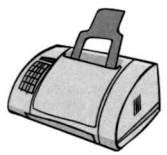

fax

факс

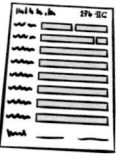

formulaire

формуляр

document

документ

acheter

купувам

payer

плащам

faire du commerce

търгувам

monnaie

пари

dollar

долар

euro

евро

yen

йена

rouble

рубла

franc suisse

швейцарски франк

renminbi yuan

ренминби юан

roupie

рупия

distributeur automatique

банкомат

bureau de change

обменно бюро

or

злато

argent

сребро

pétrole

нефт

énergie

енергия

prix

цена

contrat

договор

taxe

данък

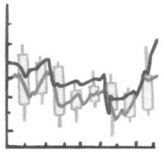

action

акция

travailler

работя

employé

служител

employeur

работодател

usine

фабрика

magasin

магазин за цветя

économie - икономика

professions
професии

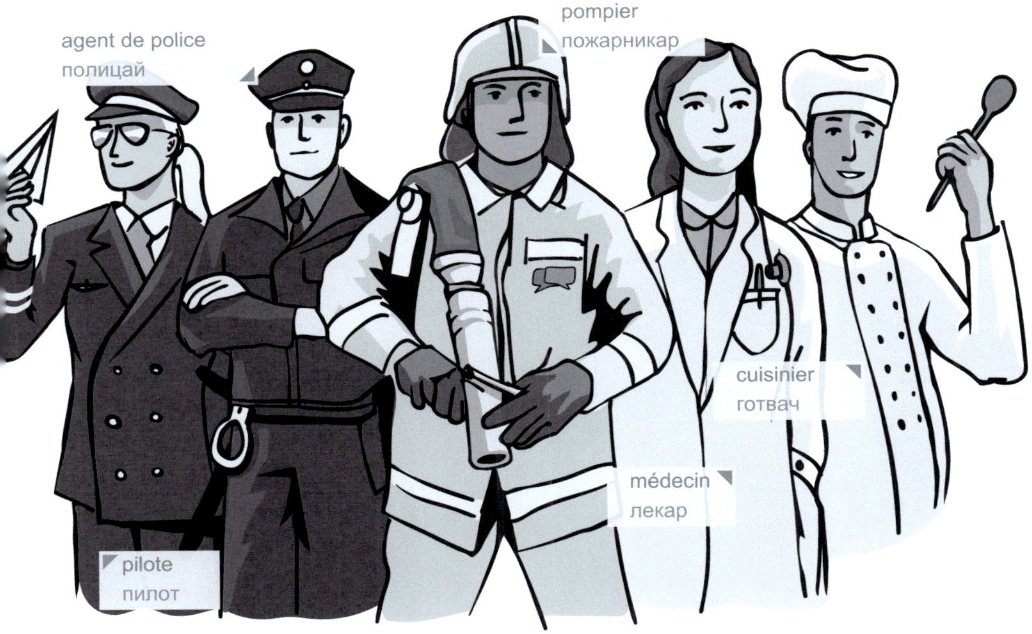
agent de police
полицай
pompier
пожарникар
cuisinier
готвач
médecin
лекар
pilote
пилот

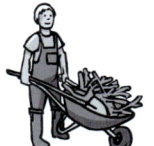

jardinier

градинар

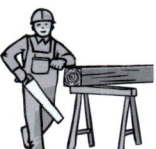

menuisier

мебелист

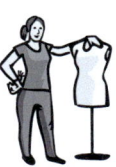

couturière

шивачка

juge

съдия

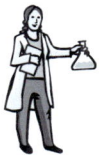

chimiste

химик

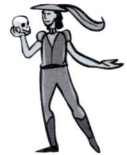

acteur

артист

conducteur de bus

шофьор на автобус

chauffeur de taxi

шофьор на такси

pêcheur

рибар

femme de ménage

чистачка

couvreur

майстор на покриви

serveur

келнер

chasseur

ловец

peintre

художник

boulanger

хлебар

électricien

електротехник

ouvrier

строителен работник

ingénieur

инженер

boucher

касапин

plombier

тенекеджия

facteur

пощальон

soldat

войник

architecte

архитект

caissier

касиер

fleuriste

цветар

coiffeur

фризьор

contrôleur

кондуктор

mécanicien

механик

capitaine

капитан

dentiste

зъболекар

scientifique

научен работник

rabbin

равин

imam

имàм

moine

монах

prêtre

свещеник

outils
инструменти

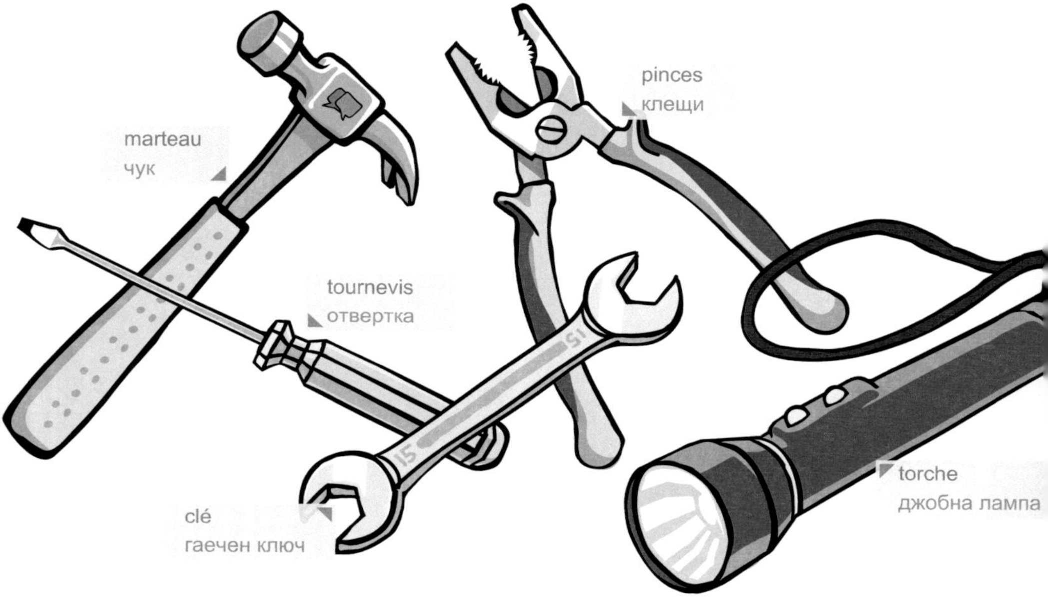
pinces
клещи
marteau
чук
tournevis
отвертка
torche
джобна лампа
clé
гаечен ключ

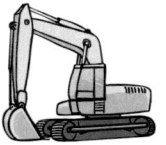

pelleteuse

багер

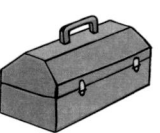

boîte à outils

кутия за инструменти

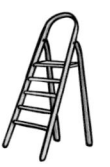

échelle

стълба

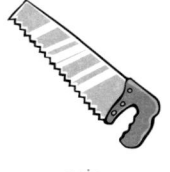

scie

трион

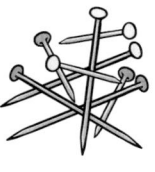

clous

пирони

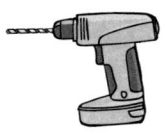

perceuse

бормашина

réparer

ремонтирам

pelle

лопата

Mince !

По дяволите!

pelle

лопатка за смет

pot de peinture

кутия за боя

vis

болтове

instruments de musique
музикални инструменти

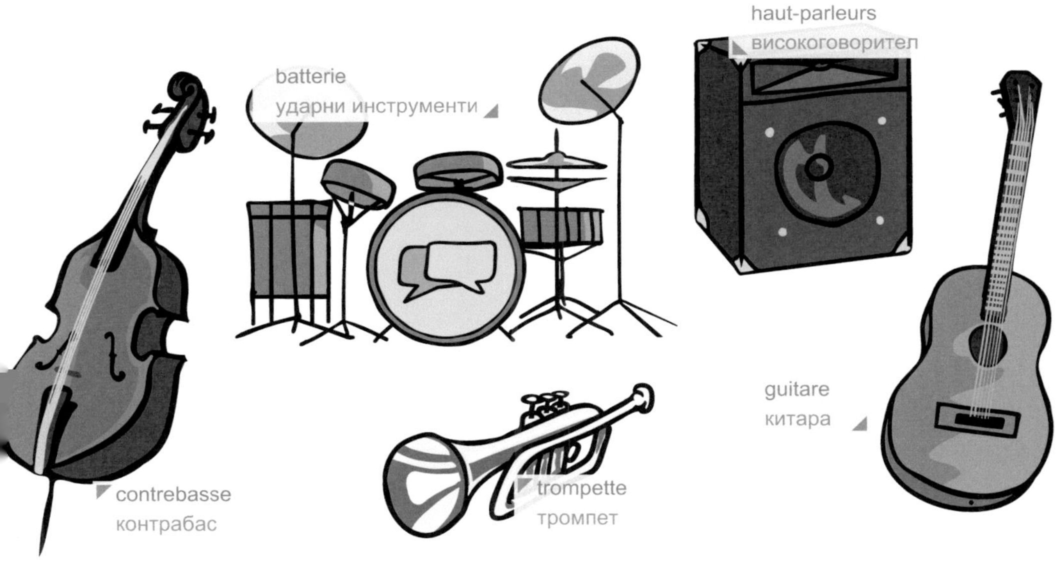

haut-parleurs
високоговорител

batterie
ударни инструменти

guitare
китара

contrebasse
контрабас

trompette
тромпет

piano

пиано

violon

виолина

basse

контрабас

timbales

тимпан

tambour

барабан

piano électrique

електрическо пиано

saxophone

саксофон

flûte

флейта

microphone

микрофон

instruments de musique - музикални инструменти

zoo

зоологическа градина

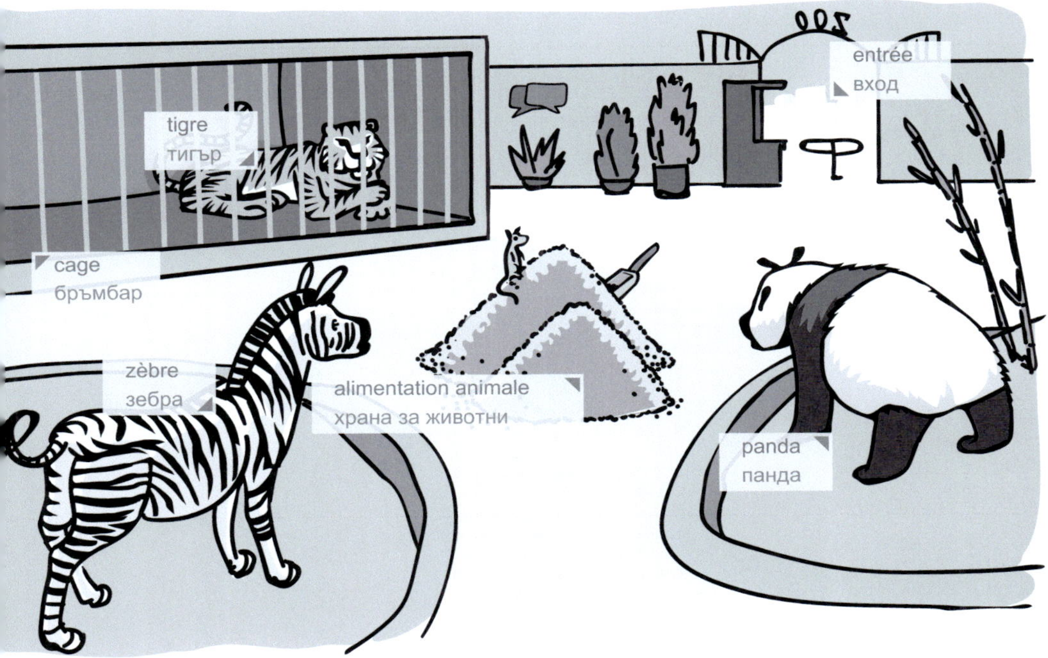

entrée
вход
tigre
тигър
cage
бръмбар
zèbre
зебра
alimentation animale
храна за животни
panda
панда

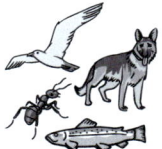

animaux

животни

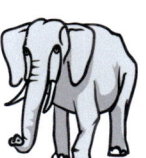

éléphant

слон

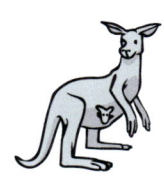

kangourou

кенгуру

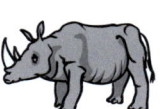

rhinocéros

носорог

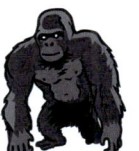

gorille

горила

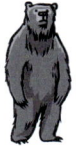

ours

мечка

chameau

камила

autruche

щраус

lion

лъв

singe

маймуна

flamand rose

фламинго

perroquet

папагал

ours polaire

бяла мечка

pingouin

пингвин

requin

акула

paon

паун

serpent

змия

crocodile

крокодил

gardien de zoo

пазач в зоологическа
градина

phoque

тюлен

jaguar

ягуар

zoo - зоологическа градина

poney

пони

léopard

леопард

hippopotame

хипопотам

girafe

жираф

aigle

орел

sanglier

диво прасе

poisson

риба

tortue

костенурка

morse

морж

renard

лисица

gazelle

газела

american Football
американски футбол

cyclisme
колоездене

tennis
тенис

basket-ball
баскетбол

natation
плуване

boxe
бокс

hockey sur glace
хокей на лед

football
футбол

badminton
бадминтон

athlétisme
лека атлетика

handball
хандбал

ski
ски бягане

polo
поло

activités
дейности

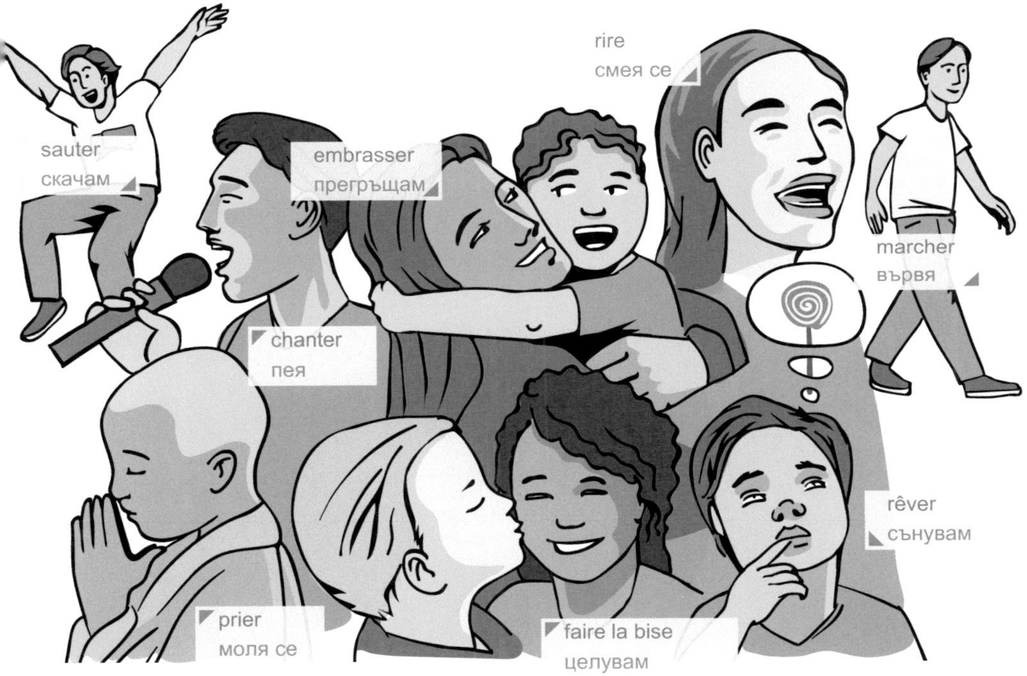
rire
смея се
sauter
скачам
embrasser
прегръщам
marcher
вървя
chanter
пея
rêver
сънувам
prier
моля се
faire la bise
целувам

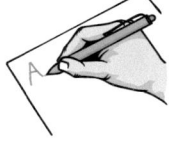

écrire

пиша

dessiner

рисувам

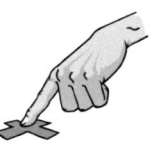

montrer

показвам

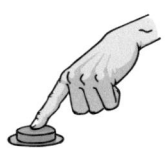

pousser

бутам

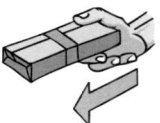

donner

давам

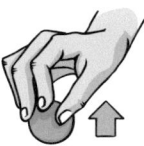

prendre

взимам

avoir

имам

faire

правя

être

съм

être debout

стоя

courir

тичам

trier

дърпам

jeter

хвърлям

tomber

падам

être couché

лежа

attendre

чакам

porter

нося

être assis

седя

s'habiller

обличам

dormir

спя

se réveiller

събуждам се

regarder

разглеждам

pleurer

плача

caresser

милвам

peigner

реша се

parler

говоря

comprendre

разбирам

demander

питам

écouter

слушам

boire

пия

manger

ям

ranger

разтребвам

aimer

обичам

cuire

готвя

conduire

карам автомобил

voler

летя

faire de la voile

плавам (с платна)

calculer

смятане

lire

чета

apprendre

уча

travailler

работя

se marier

женя се

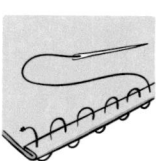

coudre

шия

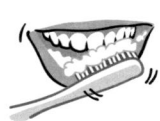

brosser les dents

измивам си зъбите

tuer

убивам

fumer

пуша

envoyer

изпращам

grand-mère
баба

grand-père
дядо

père
баща

mère
майка

bébé
бебе

fille
дъщеря

fils
син

hôte

посетител

tante

леля

oncle

чичо

frère

брат

sœur

сестра

corps

тяло

front
чело
œil
око
visage
лице
menton
брадичка
poitrine
гърди
doigt
пръст
main
ръка
bras
ръка
épaule
рамо
jambe
крак

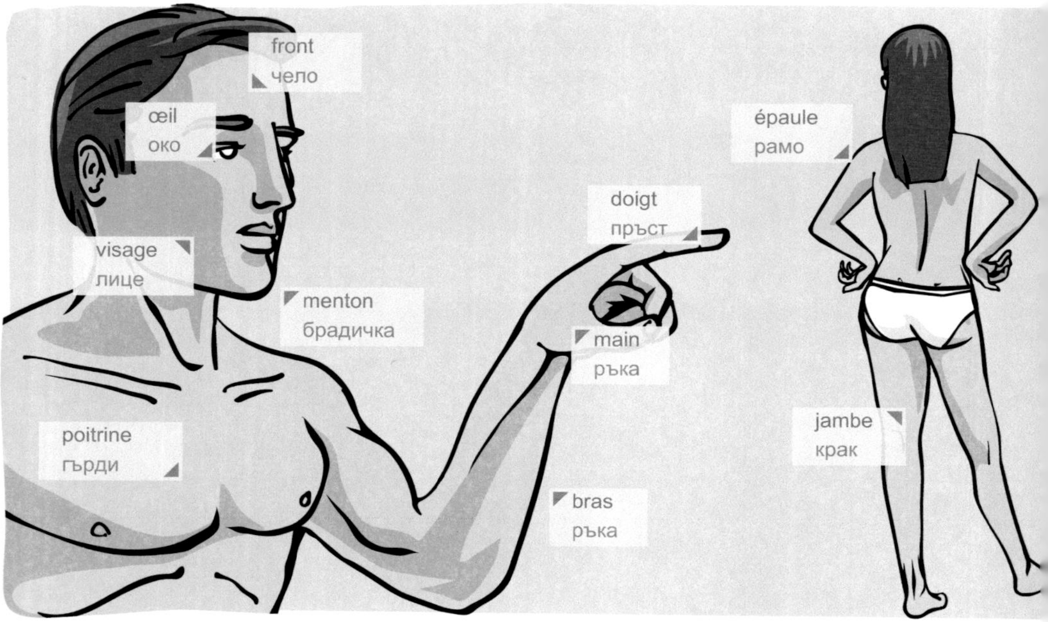

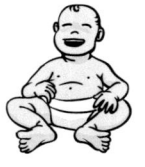

bébé

бебе

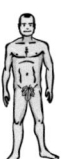

homme

мъж

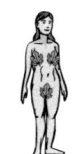

femme

жена

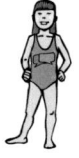

fille

момиче

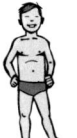

garçon

момче

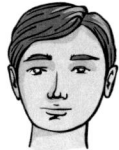

tête

глава

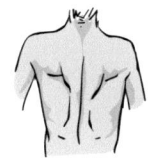

dos

гръб

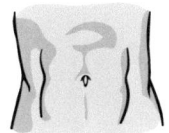

ventre

корем

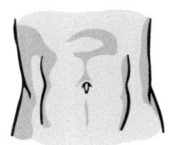

nombril

пъп

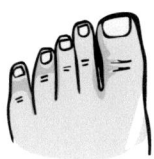

orteil

пръст на крака

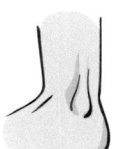

talon

пета

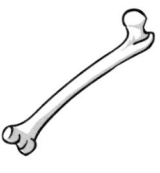

os

кост

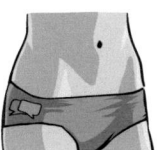

hanche

хълбок

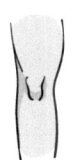

genou

коляно

coude

лакът

nez

нос

fesses

седалище

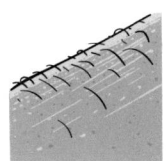

peau

кожа

joue

буза

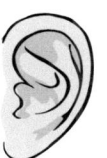

oreille

ухо

lèvre

устна

bouche

уста

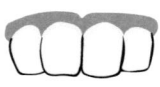

dent

зъб

langue

език

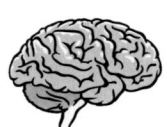

cerveau

мозък

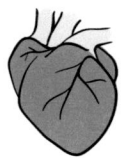

cœur

сърце

muscle

мускул

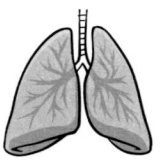

poumons

бял дроб

foie

черен дроб

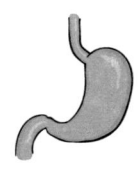

estomac

стомах

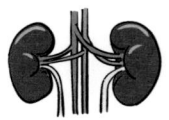

reins

бъбреци

rapport sexuel

полово сношение

préservatif

кондом

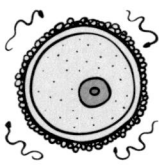

ovule

яйцеклетка

sperme

сперма

grossesse

бременност

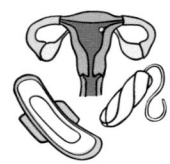

menstruation

менструация

vagin

вагина

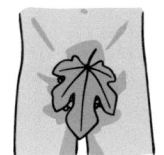

pénis

пенис

sourcil

вежда

cheveux

коса

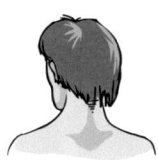

cou

шия

hôpital
болница

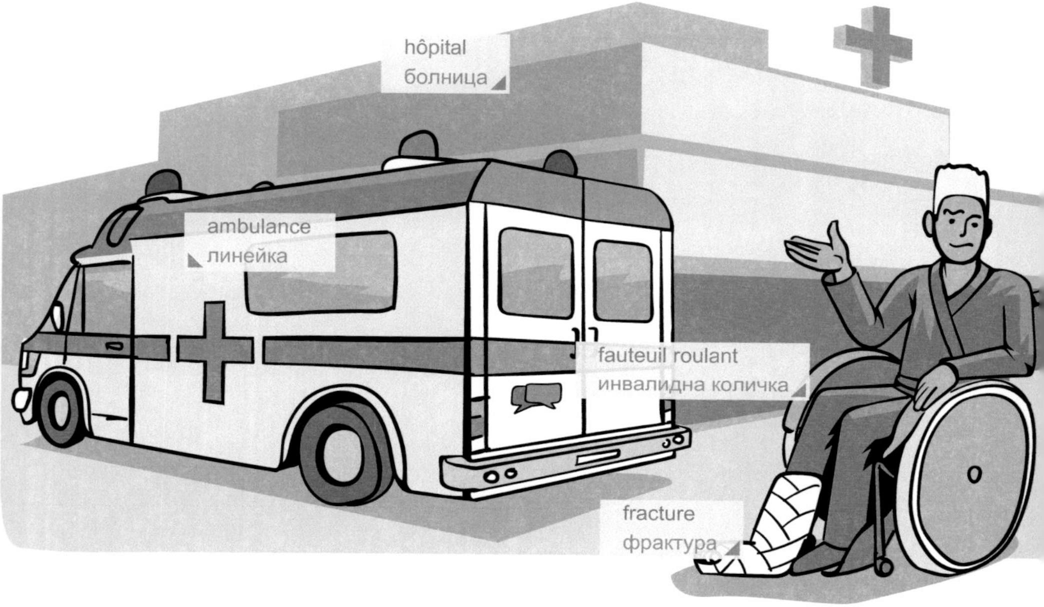

hôpital
болница
ambulance
линейка
fauteuil roulant
инвалидна количка
fracture
фрактура

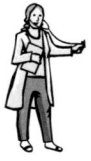

médecin

лекар

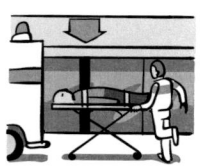

service des urgences

спешна хоспитализация

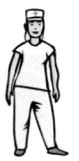

infirmière

медицинска сестра

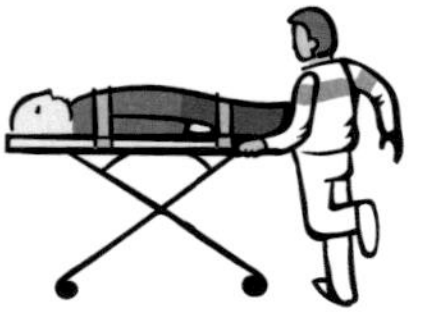

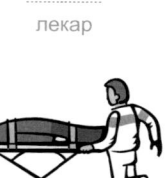

urgence

спешен случай

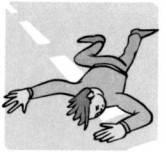

inconscient

в безсъзнание

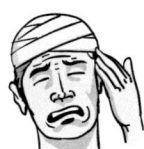

douleur

болка

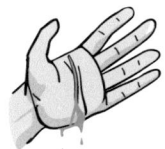

blessure

нараняване

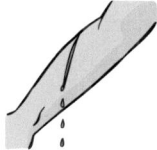

hémorragie

кървене

crise cardiaque

инфаркт

attaque cérébrale

инсулт

allergie

алергия

toux

кашлица

fièvre

температура

grippe

грип

diarrhée

диария

mal de tête

главоболие

cancer

рак

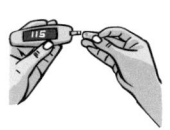

diabète

диабет

chirurgien

хирург

scalpel

скалпел

opération

операция

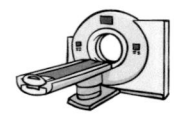

CT

компютърна томография

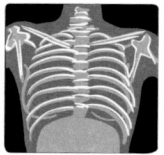

radiographie

рентген

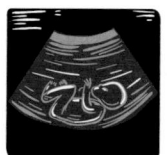

échographie

ултразвук

masque

маска

maladie

болест

salle d'attente

чакалня

béquille

патерица

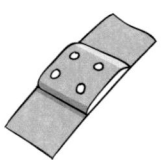

pansement

пластир

pansement

превръзка

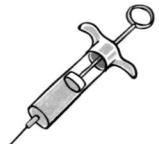

injection

инжекция

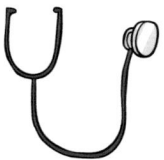

stéthoscope

стетоскоп

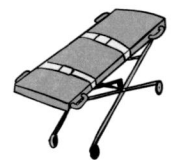

brancard

носилка

thermomètre

термометър

accouchement

раждане

surcharge pondérale

наднормено тегло

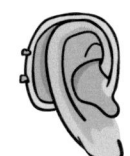

appareil auditif

слухов апарат

désinfectant

дезинфекционно средство

infection

инфекция

virus

вирус

VIH / sida

HIV / AIDS

médicament

медицина

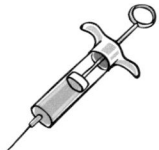

vaccination

ваксинация

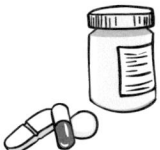

comprimés

таблети

pilule

противозачатъчна
таблетка

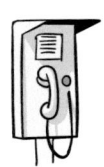

appel d'urgence

спешно телефонно
обаждане

tensiomètre

апарат за измерване на
кръвното налягане

malade / sain

болен / здрав

hôpital - болница

Au secours !

Помощ!

alarme

сигнал за тревога

assaut

нападение

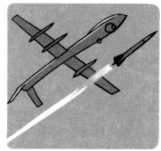

attaque

атака

danger

опасност

sortie de secours

авариен изход

Au feu!

Пожар!

extincteur

пожарогасител

accident

злополука

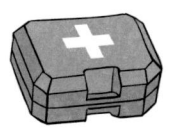

trousse de premier secours

комплект за оказване на
първа помощ

SOS

SOS

police

полиция

Europe

Европа

Amérique du Nord

Северна Америка

Amérique du Sud

Южна Америка

Afrique

Африка

Asie

Азия

Australie

Австралия

Océan atlantique

Атлантически океан

Océan pacifique

Тихи океан

Océan indien

Индийски океан

Océan antarctique

Южен ледовит океан

Océan arctique

Северен ледовит океан

pôle nord

Северен полюс

pôle sud
....
Южен полюс

Antarctique
....
Антарктида

terre
....
Земя

pays
....
суша

mer
....
море

île
....
остров

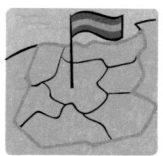

nation
....
нация

état
....
държава

cadran

циферблат

aiguille des heures

стрелка на часовете

aiguille des minutes

стрелка на минутите

aiguille des secondes

стрелка на секундите

Quelle heure est-il ?

Колко е часът?

jour

ден

temps

време

maintenant

сега

montre digitale

дигитален часовник

minute

минута

heure

час

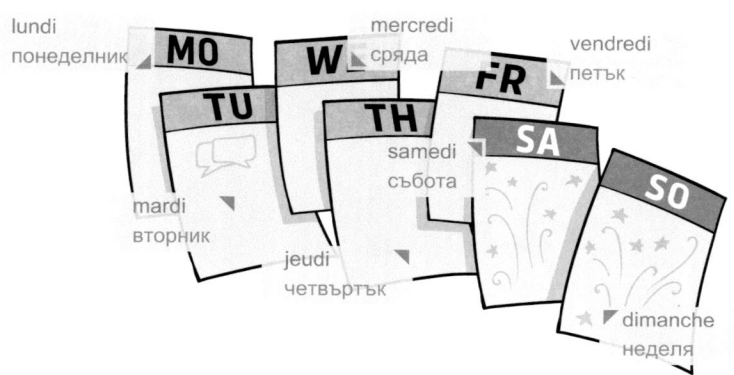

lundi
понеделник

mercredi
сряда

vendredi
петък

mardi
вторник

samedi
събота

jeudi
четвъртък

dimanche
неделя

hier

вчера

aujourd'hui

днес

demain

утре

matin

сутрин

midi

обед

soir

вечер

jours ouvrables

работни дни

week-end

уикенд

pluie
дъжд

arc-en-ciel
дъга

neige
сняг

vent
вятър

printemps
пролет

été
лято

automne
есен

hiver
зима

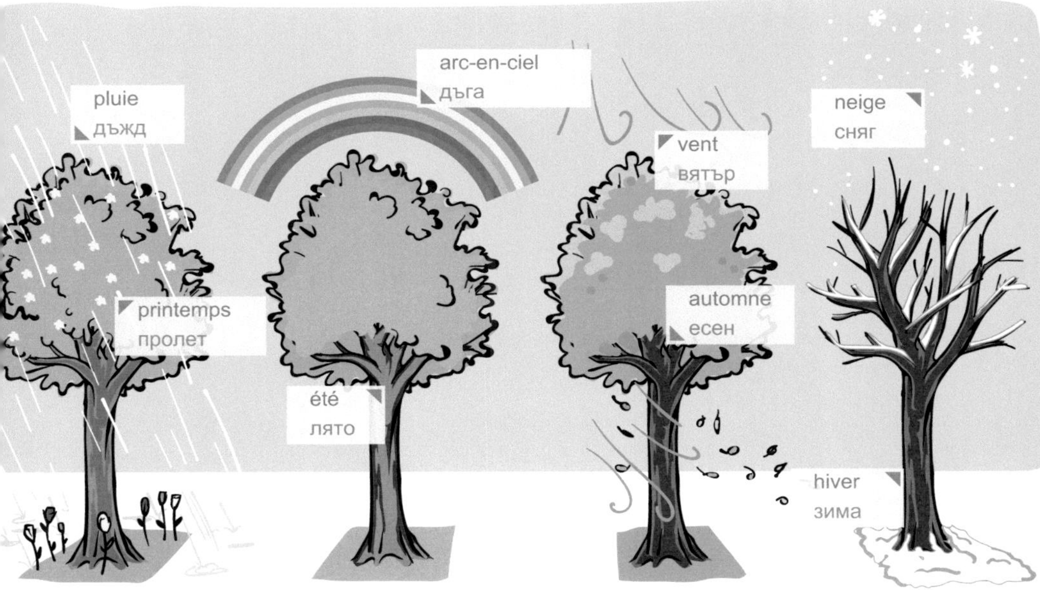

météo

прогноза за времето

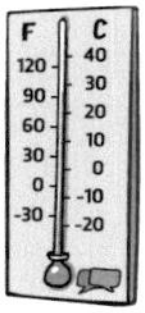

thermomètre

термометър

lumière du soleil

слънчева светлина

nuage

облак

brouillard

мъгла

humidité

влажност на въздуха

foudre

светкавица

tonnerre

гръмотевица

tempête

буря

grêle

градушка

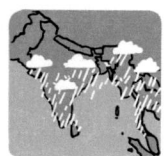

mousson

мусон

inondation

наводнение

glace

лед

janvier

януари

février

февруари

mars

март

avril

април

mai

май

juin

юни

juillet

юли

août

август

année - година

septembre
....
септември

octobre
....
октомври

novembre
....
ноември

décembre
....
декември

formes
форми

cercle
....
кръг

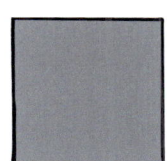

carré
....
квадрат

rectangle
....
четириъгълник

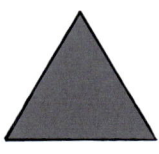

triangle
....
триъгълник

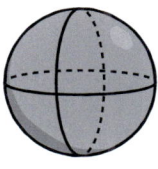

sphère
....
сфера

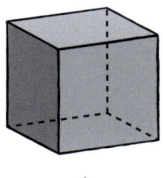

cube
....
куб

blanc

бял

jaune

жълт

orange

оранжев

rose

розов

rouge

червен

violet

лилав

bleu

син

vert

зелен

marron

кафяв

gris

сив

noir

черен

beaucoup / peu

много / малко

fâché / calme

ядосан / спокоен

joli / laid

красив / грозен

début / fin

начало / край

grand / petit

голям / малък

clair / obscure

светъл / тъмен

frère / soeur

брат / сестра

propre / sale

чист / мръсен

complet / incomplet

пълен / непълен

jour / nuit

ден / нощ

mort / vivant

мъртъв / жив

large / étroit

широк / тесен

comestible / incomestible

ядлив / неядлив

méchant / gentil

сърдит / любезен

excité / ennuyé

развълнуван / скучаещ

gros / mince

дебел / тънък

premier / dernier

най-напред / най-накрая

ami / ennemi

приятел / враг

plein / vide

пълен / празен

dur / souple

твърд / мек

lourd / léger

тежък / лек

faim / soif

глад / жажда

malade / sain

болен / здрав

illégal / légal

нелегален / легален

intelligent / stupide

интелигентен / глупав

gauche / droite

ляво / дясно

proche / loin

близо / далече

oppositions - противоположности

nouveau / usé

нов / употребяван

rien / quelque chose

нищо / нещо

vieux / jeune

стар / млад

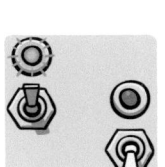

marche / arrêt

вкл. / изкл.

ouvert / fermé

отворен / затворен

faible / fort

тих / силен (звук)

riche / pauvre

богат / беден

correct / incorrect

правилен / погрешен

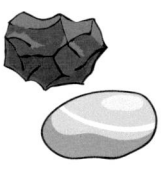

rugueux / lisse

грапав / гладък

triste / heureux

тъжен / щастлив

court / long

дълъг / къс

lent / rapide

бавен / бърз

mouillé / sec

мокър / сух

chaud / froid

топъл / студен

guerre / paix

война / мир

0	**1**	**2**
zéro	un / une	deux
нула	едно	две
3	**4**	**5**
trois	quatre	cinq
три	четири	пет
6	**7**	**8**
six	sept	huit
шест	седем	осем
9	**10**	**11**
neuf	dix	onze
девет	десет	единадесет

12

douze

дванадесет

13

treize

тринадесет

14

quatorze

четиринадесет

15

quinze

петнадесет

16

seize

шестнадесет

17

dix-sept

седемнадесет

18

dix-huit

осемнадесет

19

dix-neuf

деветнадесет

20

vingt

двадесет

100

cent

сто

1.000

mille

хиляда

1.000.000

million

милион

anglais

английски

anglais américain

американски английски

chinois mandarin

китайски мандарин

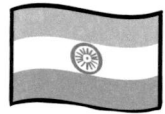

hindi

хинди

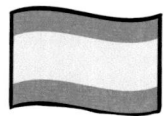

espagnol

испански

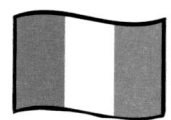

français

френски

arabe

арабски

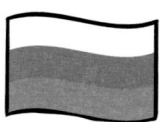

russe

руски

portugais

португалски

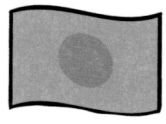

bengali

бенгалски

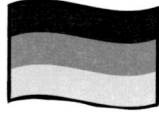

allemand

немски

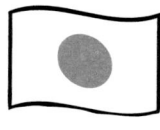

japonais

японски

je

аз

tu

ти

il / elle / ce, c', cela

той / тя / то

nous

ние

vous

вие

ils / elles

те

Qui ?

кой?

Quoi ?

какво?

Comment ?

как?

Où ?

къде?

Quand ?

кога?

nom

име

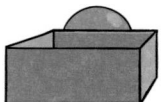

derrière

зад

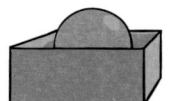

dans

в

devant

пред

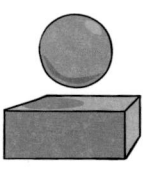

au-dessus

над

sur

върху

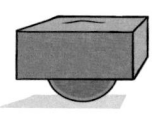

en-dessous

под

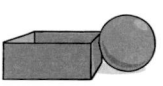

à côté de

до

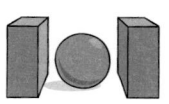

entre

между

lieu

място